¡Seguridad!

Seguridad y las bicicletas

Sue Barraclough

Heinemann Library
Chicago, Illinois

© 2008 Heinemann Library
a division of Reed Elsevier Inc.
Chicago, Illinois

Customer Service 888-454-2279
Visit our website at www.heinemannraintree.com

Illustrated by Paula Knight
Designed by Joanna Hinton-Malivoire
Picture research by Erica Martin
Translation into Spanish produced by DoubleO Publishing Services
Printed and bound in China by South China Printing Co. Ltd.
12 11 10 09 08
10 9 8 7 6 5 4 3 2 1

ISBN 13-digit: 978-1-4329-0335-0 (hb) 978-1-4329-0342-8 (pb)
ISBN 10-digit: 1-4329-0335-7 (hb) 1-4329-0342-X (pb)

The Library of Congress has cataloged the first edition of this book as follows:
Barraclough, Sue.
   [Bicycle safety. Spanish]
   Seguridad y las bicicletas / Sue Barraclough.
      p. cm. -- (Seguridad!)
   ISBN-13: 978-1-4329-0335-0 (hb)
   ISBN-13: 978-1-4329-0342-8 (pb)
 1. Cycling--Safety measures--Juvenile literature. 2. Bicycles--Safety measures--Juvenile literature. I. Title.
   GV1055.B3718 2008
   796.6028'9--dc22
                              2007040234

Contenido

Montar en bicicleta es divertido.

¿Sabes cómo mantenerte seguro mientras montas en bicicleta?

Nunca montes en bicicleta sin un casco.

Siempre asegúrate de que tu casco
sea del tamaño adecuado.

Nunca lleves ropa suelta cuando montes
en bicicleta.

Lleva siempre ropa que te quede bien.

Lleva siempre ropa de colores vivos.

Nunca montes una bicicleta que es demasiado grande.

Asegúrate siempre de poder tocar
el suelo.

Nunca vayas demasiado rápido.

Prueba siempre los frenos.

Nunca montes sin usar las manos.

Procura ser visto y oído.

Nunca montes por calles muy transitadas.

Monta siempre por un sendero seguro.

Nunca atravieses una calle con mucho tránsito.

Usa siempre un cruce peatonal.

Recuerda siempre estas reglas
de seguridad.

Mantente siempre seguro en tu bicicleta.

Reglas de seguridad para montar en bicicleta

- Asegúrate de que tu casco sea del tamaño adecuado.

- Lleva ropa que te quede bien.

- Lleva ropa de colores vivos.

- Asegúrate de poder tocar el suelo.

- Pide a un adulto que pruebe tus frenos.

- Procura siempre ser visto y oído.

- Monta por la vereda o por senderos para bicicletas.

- Usa cruces peatonales para cruzar calles con mucho tránsito.

- Bájate y camina cuando cruces la calle.

Glosario ilustrado

 **freno** parte de la bicicleta que hace que vaya más despacio o se detenga

 **cruce peatonal** lugar en la calle donde es seguro cruzar. Los cruces peatonales tienen marcas especiales o luces.

 **casco** sombrero duro especial para proteger tu cabeza

 **sendero** área al lado de las calles que se deja para las personas. Un sendero para bicicletas es para gente en bicicleta.

Índice

Nota a padres y maestros

Los libros de esta serie dan a los niños consejos prácticos sobre seguridad para situaciones que puedan enfrentar habitualmente. Pregunte a los niños si ellos montan en bicicleta. Comente con ellos la importancia de aprender a montar una bicicleta sin peligro y de usar un equipo adecuado, como, por ejemplo, un casco. Pida a los niños que analicen las ilustraciones en el libro y piensen si lo que se muestra corresponde a un comportamiento seguro o peligroso. Puede pedirles que piensen en otras reglas de seguridad para montar en bicicleta y así crear una lista para la clase.

El texto ha sido seleccionado con el consejo de un experto en lecto-escritura para asegurar que los principiantes puedan leer de forma independiente o con apoyo moderado.

Usted puede apoyar las destrezas de lectura de no ficción de los niños ayudándolos a usar el contenido, el glosario ilustrado y el índice.